# De
# ZON
## zal van ons allemaal zijn

Manifest

## NIEUWE WERELDORDE

## Mehmet Kılıç

Vertaald uit het Duits door Mathilde Heinen

Ik wil mijn goede vriendin Mathilde Heinen hartelijk bedanken
voor de taalkundige ondersteuning bij de ontwikkeling van mijn
project.

# De
# ZON
## zal van ons allemaal zijn


Manifest

# NIEUWE WERELDORDE


## Mehmet Kılıç

Vertaald uit het Duits door Mathilde Heinen

Mehmet Kılıç

# De zon zal van ons allemaal zijn

Manifest Nieuwe Wereldorde

1. Auflage 2021

Mehmet Kılıç

E-Mail: lwn.mtp@gmx.de

Internet: www.mehmetkilic.com

Youtobe: „**De zon zal van ons allemaal zijn**"

Herstellung und Verlag:

BoD – Books on Demand Norderstedt

ISBN : 978-3-7534-5768-0

# VOORWOORD

Het heersende maatschappelijke systeem, met zijn filosofie van geestelijke competitie en concurrentie, dwingt mens en maatschappij om meer en meer te bezitten, om altijd te winnen, om steeds machtiger te worden, om te domineren.

Het systeem zet individuen onder druk, wat betekent dat mensen eindeloos tegen elkaar vechten, omdat iedereen als overwinnaar uit de bus wil komen.

Tijdens deze brute strijd vernietigen wij mensen echter de basis van het bestaan, het enige en unieke gezamenlijke tehuis van alle levende wezens, en bereiden wij ons voor op het einde van het leven op onze planeet.

Met zijn "Nieuwe Wereldorde" onder het motto "De zon zal van ons allemaal zijn" zet Mehmet Kilic zich in om alle gedachten en daden met hun oorzaken en gevolgen uit te schakelen, die een gevaar vormen voor het leven op aarde.

Om het leven op aarde veilig te stellen en een menswaardig maatschappelijk levensmodel op te zetten, doet de auteur concrete voorstellen.

Zijn voorstellen omvatten fundamentele inhoudelijk veranderingen en geven methodologische verschillen op "Wereldvrede" en "Nieuwe wereldorde" in de ideeën en gedachten van vele filosofen en wetenschappers zoals John Locke, Montesquieu, Emmanuel Kant, Karl Marx, Albert Einstein, Hans Küng, Otfried Höffe, Zhao Tinyang ect..

De auteur interpreteert het leven op aarde volgens zijn filosofie van eenheid-totaliteit, die in de kern universele principes zoals saamhorigheid en gelijkwaardigheid bevat, waarop hij zijn manifest Nieuwe Wereldorde baseert.

Met zijn manifest roept Mehmet Kilic de mensheid op om alle vormen van actie te stoppen, die het leven op aarde in gevaar brengen en een menswaardig maatschappelijk model voor iedereen op te zetten.

*Beste lezer,*

*De zon zal van ons allemaal zijn!*

*Ik verheug me op deze bijeenkomst met u, over mijn.*

*Het leven op onze planeet is eenmalig en uniek. Alle planten, alle dieren en alle mensen zijn om van te houden, om te waarderen en ook om te beschermen. In het bijzonder verdienen moeder natuur; lucht, water en aarde onze bescherming.*

*Het is echter zeer verontrustend hoe wij ermee omgaan!*

*We hebben de groene tak waarop we allemaal zitten al een behoorlijk eind afgezaagd. Wanneer we vallen, vallen wij, zeven miljard mensen, niet alleen. Samen met ons vallen onze katten en rozen.*

*Wanneer we elkaar enerzijds op de huidige manier blijven bestrijden en anderzijds de tak waarop we zitten verder afzagen, zullen we onze allerlaatste ademtocht in een nog nooit voorgekomen schreeuwen meemaken, als allerlaatste slachtoffer van de zinloosheid en de waanzin, zonder zelf ooit nog geschiedenis te kunnen schrijven.*

*Als oprichter en voorzitter van de Vredesvereniging Hand in Hand Bad Kreuznach zet ik mij al jaren in voor een menswaardig bestaan in deze wereld. Als samenvatting van mijn filosofisch-politieke gedachten over het thema wereldvrede wil ik de 'Nieuwe wereldorde' in het openbaar aan u presenteren.*

*In het geval u zich ook zorgen maakt over het leven op onze aarde, en naar een oplossing zoekt, zou mijn manifest voor u interessant kunnen zijn.*

# DEEL I

# MIJN PROBLEEM

Ik ben erg bezorgd over de toekomst van het leven op onze planeet.

## Reden

- Vrede en veiligheid verdwijnen wereldwijd zowel voor het individu als voor totale samenleving.
- De levensomstandigheden van alle levende wezens worden vernietigd.

## Oorzaken van het ontstaan

- De huidige wereldorde dwingt mens en maatschappij tot een race; om te winnen, om steeds rijker, steeds sterker te worden, om te kunnen domineren.
- Dit verlangen wordt zo sterk aangevuurd, dat desastreuze gevolgen ontstaan, zoals eindeloze oorlogen, uitbuiting, armoede en andere pijnlijke gevolgen. DAT IS WAANZIN.
- Tegelijkertijd veroorzaakt het systeem een verstoring van het samenleven van alle levende wezens en van de voorwaarden die daarvoor nodig zijn. Zo bereidt het systeem het 'BITTERE EINDE' van het leven op aarde voor!

**Aanvullend stel ik vast:**

1. Het heersende maatschappelijke systeem is in tegenspraak met het menselijke verstand.
2. Van de mentaliteit die de menselijke energie in werk en inspanningen omzet in geld, gewin en macht, kan niet verwacht worden dat het geluk van deze mensen gewaarborgd wordt.
3. Van dezelfde mentaliteit kan ook niet verwacht worden dat ze misbruik verhindert die gemaakt wordt van het gemeenschappelijke bewonen van de aarde, dat ze de verwoesting van de levensbehoeften beëindigt en een duurzame verzekering van het leven op de planeet dichterbij brengt.
4. De mensheid is ongelukkig. Het gevaar is angstaanjagend. De waanzin wordt van dag tot dag erger. Het BITTERE EINDE nadert snel. We hebben geen tijd meer te verliezen!
5. Voor deze situatie is noch een persoon, noch een natie, noch een staat alleen verantwoordelijk. De heersende wereldorde als geheel draagt de verantwoordelijkheid.
6. Geen mens mag de ogen sluiten voor deze waanzin, noch voor het razend snel naderen van het BITTERE EINDE.
7. De enige macht die de waanzin kan stoppen en het BITTERE EINDE kan verhinderen is de mensheid zelf.

# RESULTAAT

De huidige wereldorde kan op deze manier niet meer voortgezet worden. Ze is tot een probleem van de mensheid geworden, die absoluut en dringend opgelost moet worden.

# OPLOSSINGSVOORSTEL

Om dit probleem op te lossen stel ik voor om een nieuwe wereldorde op te richten.

# DE NIEUWE WERELDORDE

De nieuwe wereldorde zal als doel hebben om het geluk van de mensheid op de aarde zeker te stellen.

# DEEL II



## Vraag 1:
## HOE ZAL
## DE NIEUWE WERELDORDE ERUITZIEN?

De nieuwe wereldorde zal op drie basispijlers rusten, die elkaar wederzijds voeden, versterken en beveiligen.

Pijler I:        De filosofie Eenheid – Totaliteit
Pijler II:      Het opvoedings- en opleidingssysteem
Pijler III:     De basisregels van het leven op aarde

Nu de pijlers een voor een:

# DE FILOSOFIE EENHEID – TOTALITEIT

Om de filosofie Eenheid – totaliteit duidelijk te maken wil ik u denkbeeldig meenemen op een korte reis. Sluit uw ogen en stelt u zich voor:

## HET UNIVERSUM en EENHEID EN TOTALITEIT

- Het oneindige universum vormt een eenheid – totaliteit samen met zijn ontelbare sterren, stergroepen en sterrenstelsels, die in zichzelf eenheden en totaliteiten vormen.
- De Melkweg vormt als onmisbaar onderdeel van het universum een eenheid – totaliteit.
- Het zonnestelsel vormt als een ondeelbaar, onmisbaar deel van de Melkweg een eenheid – totaliteit.
- De aarde als een ondeelbaar onderdeel van het zonnestelsel is een eenheid – totaliteit.
- De mensheid als een ondeelbaar onderdeel van de wereld van levende wezens is een eenheid – totaliteit.

## HET INDIVIDU EN EENHEID – TOTALITEIT

Het individu dat we 'mens' noemen, belichaamt met zijn hele wezen een eenheid – totaliteit en is een onmisbaar onderdeel van de mensheid.

- Het lichaam van de mens bestaat uit organen, die uit onderdelen en ontelbare cellen bestaan.
- Elk orgaan, elk onderdeel en elke cel vormt zijn eigen eenheid – totaliteit.
- Elk orgaan heeft een andere opbouw, een andere vorm, een andere taak en functie en kan onafhankelijk van de andere organen functioneren.
- Wanneer een van de organen ontbreekt of disfunctioneert, wordt de lichamelijke eenheid onvolledig en de totaliteit ontbreekt.
- Wanneer een van de organen van de lichamelijke eenheid wordt gescheiden, leidt dat tot het einde van zijn leven, net zoals ook een cel sterft wanneer die uit een orgaan verwijderd wordt.
- Een mens kan als individu alleen functioneren en zijn leven leiden wanneer al zijn organen in harmonische samenwerking hun taak vervullen.

**Een beeld voor een beter begrip:**
Peter zit in de keuken. Plotseling ruikt hij iets. Hij stelt vast dat dit een brandlucht is. Hij draait zijn hoofd naar de kachel. Wat ziet hij? Op de kachel brandt een stuk krant. Daarop springt Peter op, rent naar de kachel en blust de vlammen.

- Het orgaan dat de geur opvangt, is Peters neus.
- Het orgaan dat de vlammen ziet is niet Peters maag, het zijn zijn ogen.
- De organen die hem naar de kachel dragen, zijn niet zijn handen, maar zijn voeten.

Hoe zou het gegaan zijn

- Wanneer Peters neus helemaal niet had kunnen ruiken?
- Wanneer Peters ogen de brand helemaal niet hadden kunnen zien?
- Wanneer Peters handen niet in staat geweest waren om het vuur te doven?

**Resultaat:**
Een lichaam vormt met al zijn organen een eenheid – totaliteit en vervult zijn functie doordat alle organen in harmonie samenwerken.

Wat denkt u: kunnen we dit resultaat op het maatschappelijke leven toepassen?

## MAATSCHAPPIJ EN EENHEID – TOTALITEIT

Het maatschappelijke leven begint wanneer ten minste twee personen elkaar om een bepaalde reden ontmoeten. De reden vormt op dit moment een verbinding tussen deze mensen.
Als voorbeeld nemen we een jonge vrouw en een jonge man die elkaar aantrekkelijk vinden. Ze besluiten hun leven samen verder te voeren.

- Aan het begin van de beslissing is bekend wie welke rol op welk gebied inneemt.
- Op andere gebieden leert de tijd wie wat meestal op zich neemt.
- Op de gebieden waarop de vrouw competenter is, zal de man de houding van ondersteuner aannemen.
- Op de gebieden waarop de man sterker is, zal de vrouw als tweede persoon optreden.

**Resultaat:**
Dit jonge paar kan de kleinste maatschappelijke eenheid vormen. De twee kunnen op een harmonische wijze een kleine samenleving opbouwen en voeren.

**Een ander voorbeeld:**
Een gezin wil voor zichzelf een huis bouwen. Kan het gezin dit huis van onder tot boven zelf bouwen, zonder hulp van buiten?

Bij het bouwen van een huis zullen verscheidene mensen uit verschillende beroepsgroepen meewerken, o.a. architecten, metselaars, dakbedekkers.

Mensen uit de verschillende beroepen komen bij elkaar en vormen een eenheid – totaliteit. De leden van deze eenheid – totaliteit werken samen en bouwen het huis. De werkwijze van het bouwteam kunnen we op alle terreinen, alle sectoren van het maatschappelijk leven toepassen.

## MENSHEID EN EENHEID – TOTALITEIT

- Het individu bestaat uit organen en vormt een eenheid – totaliteit.
- De maatschappelijke organen bestaan uit zelfstandige individuen en vormen elk een eenheid – totaliteit.
- De verschillende maatschappijen bestaan uit maatschappelijke organen en vormen elk een eenheid – totaliteit.
- De mensheid bestaat uit maatschappijen en vormt de volledige eenheid – totaliteit.

De mensheid vormt dus een eenheid – totaliteit, net zoals het universum, dat uit sterren, stergroepen en sterrenstelsels bestaat.

De mensheid stelt een eenheid – totaliteit voor, net zoals de individuele mens, bijvoorbeeld Peter, die uit organen bestaat, en de organen weer uit delen en ontelbare cellen.

De mensheid is een eenheid – totaliteit, net zoals een maatschappelijk orgaan, bijvoorbeeld het bouwwezen, dat uit individuen met verschillende vaardigheden en competenties bestaat, zoals architecten, metselaars en dakdekkers.

Nu vat ik alles samen:

## RESULTAAT VOOR HET INDIVIDU

Ieder individu, ieder mens die de filosofie van Eenheid – totaliteit volledig begrepen heeft, ontdekt een weg die hem bij zichzelf naar binnen leidt.

Op de reis naar binnen zal hij:
1. de onbeschrijfelijke schoonheid en rijkdom van zijn innerlijke wereld ontdekken en leren kennen,
2. steeds intensiever voelen, hoe belangrijk en hoe waardevol hij is.

Hij zal ermee beginnen
- zich niet meer met andere mensen te vergelijken en zichzelf te accepteren zoals hij is,

- steeds meer achting voor zichzelf te hebben en steeds meer van zichzelf te houden,
- de schoonheid van zijn innerlijke wereld en zijn groeiende levensvreugde naar buiten uit te stralen,
- alle mensen zo te zien en zo tegemoet te treden, ze zo te behandelen zoals hij zichzelf behandelt,
- zijn achting ten opzichte van moeder natuur op een waarachtige, gezonde en stabiele fundering te zetten.

Zo zal elk individu, dat zich de filosofie van eenheid – totaliteit eigen gemaakt heeft, zijn ware IK, dus ZICHZELF vinden en de betekenis van het universele leven begrijpen.

## RESULTAAT VOOR DE MAATSCHAPPU

Met de verinnerlijking van de filosofie van eenheid – totaliteit zal een veranderingsproces in de persoonlijkheid van het individu beginnen! Een veranderingsproces dat in korte tijd in het maatschappelijke leven van de totale mensheid te bemerken zal zijn.

Als gevolg daarvan
- zullen de mensen hun eigenwaarde niet meer afmeten aan hun verschillende vaardigheden en competenties of aan hun status in de maatschappij.
- Ze zullen niemand meer of minder waard vinden dan zichzelf.
- Ze zullen hun eigen werk niet meer of minder waard vinden dan dat van een ander.

- De mensen zullen herkennen dat alle groepen, gemeenschappen, maatschappijen en de totale mensheid een eenheid – totaliteit voorstellen.

## RESULTAAT VOOR DE MENSHEID

- We kunnen de handelwijze van een individu, bijvoorbeeld van Peter, op de handelwijze van een maatschappelijk orgaan overbrengen, bijvoorbeeld op het bouwwwezen.
- We kunnen de handelwijze van een maatschappelijk orgaan, bijvoorbeeld het bouwwezen, overbrengen op een hele gemeenschap, bijvoorbeeld Duitsland.
- We kunnen de handelwijze van een maatschappij overbrengen op de totale samenleving of op het menselijke lichaam.

De belangrijkste principes en waarden van de eenheid – totaliteit:

1. Saamhorigheid
   We horen bij elkaar; zoals de organen van een menselijk lichaam, het personeel in een ziekenhuis, de bemanning van een vliegtuig, de werknemers van een fabriek...

2. Gelijkwaardigheid
   We zijn allemaal gelijkwaardig;
   - Onaantastbaarheid van de gelijkwaardigheid van alle mensen
   - Onaantastbaarheid van de gelijkwaardigheid van de functie en het werk

Nu vorm ik een synthese uit 'saamhorigheid' en
'gelijkwaardigheid' en zeg:

**Wij zijn er allemaal voor iedereen!**

Omdat alle individuen, waaruit de maatschappelijke organen,
maatschappijen en de hele mensheid bestaat, zich de filosofie
van eenheid – totaliteit grondig eigen zullen maken, zullen zij
hun leven in de geest van deze filosofie vorm geven en voeren:
Wij zijn er allemaal voor iedereen!

Om deze reden zullen zij
- het gezamenlijke verstand,
- het gemeenschappelijk geweten en
- het gemeenschappelijk bewustzijn op alle gebieden van
  hun persoonlijk en maatschappelijk leven volledig
  inzetten voor het leven op onze planeet, om het
  persoonlijk geluk en het geluk van de mensheid veilig te
  stellen.

# DEEL III

## Pijler II
## HET
## OPVOEDINGS- EN OPLEIDINGSSYSTEEM

Het doel is om uit individuen nieuwe generaties op te voeden en op te leiden, die hun persoonlijk en maatschappelijk leven naar de filosofie van eenheid – totaliteit vormgeven en uitvoeren.

Om dit doel te bereiken wordt de oprichting van de nieuwe wereldorde met een duurzame mobilisatie gestart, die 'ontwikkeling van de wieg tot het graf' wordt genoemd.

Ik zal nu proberen om de 'ontwikkeling van de wieg tot het graf' uit te leggen.

## HET
## UITBOUWEN VAN DE RANDVOORWAARDEN

De hele aarde wordt van randvoorwaarden voorzien die voldoen aan de veranderingen: het nieuwe opvoedings- en opleidingssysteem of de nieuwe wereldorde.

Bovendien worden wereldwijd 'opvoedings- en opleidingscentra' opgericht, die tot doel hebben

- de natuurlijke levenswijze en levensstijl te demonstreren,
- de natuurschatten van de aarde zinvol te benutten,

- de oorzaken van massale vluchtelingenstromen en massatransporten te elimineren…

## LERARENOPLEIDING

Studenten van de lerarenopleiding zullen over passende eigenschappen voor het beroep van leraar moeten beschikken en echt gemotiveerd moeten zijn.

Bij de opleiding worden de sterkste vaardigheden van alle studenten zo ontwikkeld, dat ze met veelzijdige en stabiele competenties worden uitgerust.

De studenten ontvangen een passende pedagogische opleiding voor geschikte vakgebieden en leeftijdsgroepen.

## INHOUD

## 1. HET OVERDRAGEN VAN DE FILOSOFIE EENHEID – TOTALITEIT

Net als de moedermelk wordt aan elke baby al in de wieg de mooiste basiswaarden van de nieuwe levensfilosofie meegegeven.
Op school maken de kinderen zich de filosofie van eenheid – totaliteit grondig eigen en leren ernaar te leven.

# 2. HET BEVORDEREN VAN PERSOONLIJKE TALENTEN

Alle natuurlijke vaardigheden van elk kind worden zo vroeg mogelijk onderzocht, ontdekt en met de beste competenties uitgerust.

Het kind verwerft de vaardigheid om zijn totale kunnen in zijn privé situatie en in zijn maatschappelijke leven te gebruiken.

## 1. PERSOONLIJKHEIDSONTWIKKELING

- Het kind wordt met zorg, zorgvuldigheid en gevoel begeleid en verzorgd,
- Het zal zichzelf, zijn innerlijke wereld leren kennen en zichzelf leren liefhebben en waarderen,
- Het kind zal andere mensen achten en hen als zichzelf leren waarderen en beschermen,
- Het zal leren om zijn persoonlijke waarden op maatschappelijk niveau over te dragen.

## 2. VOORBEREIDING OP PERSOONLIJK EN MAATSCHAPPELIJK LEVEN

- De jongeren worden overeenkomstig de filosofie van eenheid – totaliteit zowel voor hun persoonlijke als voor hun maatschappelijke leven doelgericht voorbereid.
- Ze worden tot gezonde persoonlijkheden met de best mogelijk ontplooide vaardigheden opgevoed en opgeleid.

- Ze worden niet als specialisten op bepaalde vakgebieden voor bestaande beroepen opgeleid, maar tot stabiele persoonlijkheden met een hoog verantwoordelijkheidsgevoel.
- Ze worden toegerust om zowel hun eigen leven succesvol en met plezier te leven en tegelijkertijd ook aan het maatschappelijk leven een constructieve, creatieve en actieve bijdrage te leveren.

**Pijler III**

# BASISREGELS VOOR HET LEVEN OP AARDE

De basisregels voor het leven op aarde zijn op te vatten als de wetgeving voor de wereldstaat.

Omdat ze door het oprichtingsparlement eerst bewerkt en door het wereldvolksvertegenwoordigingsparlement aangenomen moeten worden, wil ik voor nu over de inhoud geen uitspraken doen.

# DEEL IV

## Vraag 2:
## HOE WORDT
## DE NIEUWE WERELDORDE OPGEBOUWD?

## WERELDSTAAT

Om de nieuwe wereldorde te kunnen opbouwen heeft de mensheid een sterke, stabiele en betrouwbare organisatie nodig. Dat zal de wereldstaat zijn.

## Vraag 3:
## HOE ZAL DE WERELDSTAAT ERUIT ZIEN?

## A.  DE ORGANISATIEFILOSOFIE VAN DE WERELDSTAAT

In de organisatie van de wereldstaat wordt het voorbeeld gegeven dat de mensheid, net zoals een gezond mensenlichaam, niet in strijd met zijn eigen organen en cellen leeft, maar er voor iedereen is.

Dus de synthese van de waarden en principes van de filosofie eenheid – totaliteit wordt voorgedaan: iedereen is er voor ons allemaal.

# DEMOCRATIE EN HAAR FUNCTIONEREN

De democratie wordt opnieuw vormgegeven, of geoptimaliseerd:

Ideeën, gedachten en activiteiten, die

- De vernietiging van moeder natuur veroorzaken,
- Het leven van mensen bemoeilijkt en in gevaar brengen,
- De menswaardigheid kunnen schaden,

zullen geen plaats krijgen in de nieuwe opvattingen over democratie.

Alle ideeën, gedachten, gedragingen en activiteiten,

- die met moeder natuur, met het bestaan van alle levende wezens, en in het bijzonder met de gezondheid en waardigheid van de mensen overeen komen,
- die door het gezamenlijke mensenverstand en het gezamenlijke geweten geaccepteerd en het gezamenlijke verantwoordelijkheidsbewustzijn bevestigd worden,

zullen vallen onder de onbegrensde natuurlijke democratische vrijheden.

# VERDELING VAN VERANTWOORDELIJKHEDEN

Het principe van scheiding van de machten verliest zijn plaats aan het principe van 'verdeling van verantwoordelijkheden'.

Redenen:
1. Op grond van het stabiele verantwoordelijkheidsbewustzijn van elk individu zullen invloed, kritiek of eventuele controle van buitenaf overbodig zijn.
2. Iedereen zal zijn taken uitvoeren ten dienste van de gemeenschap met hetzelfde verantwoordelijkheidsgevoel als in zijn maatschappelijke en persoonlijke leven.

## DE VERKIEZINGEN

Alle levensgebieden binnen de kiesgebieden worden nieuw gedefinieerd en vastgelegd.

Met de 'levensgebieden' zijn die sectoren bedoeld, waarin de mensen hoofdzakelijk hun levensonderhoud verdienen, bijvoorbeeld landbouw, fabrieksarbeid, onderwijs.

## VERKIESBAARHEID EN TRANSPARANTIE

Iedereen vervult de vereisten voor de verkiesbaarheid, wanneer hij zijn bekwaamheid bewijzen kan om een levensgebied in het parlement te kunnen vertegenwoordigen.

De kandidaten worden door de kiezers rechtstreeks voor een commissie gekozen. Zij vertegenwoordigen dit levensgebied in het betreffende parlement.

Hiermee wordt steeds duidelijker wie voor welk doel gekozen heeft en wie voor welke taken gekozen is.

## DE MOGELIJKHEID TOT FLEXIBEL VERVANGEN

Door het principe van 'flexibel vervangen' van de gekozenen is het op elk moment mogelijk om op eigen initiatief een vertegenwoordiger te vervangen. Op deze manier wordt verzekerd, dat de functionaliteit en het prestatievermogen van de wereldstaat op optimaal niveau behouden blijft.

## POLITIEKE PARTIJEN

De politieke partijen verliezen om twee redenen hun bestaansrecht:

1. Bij de vormgeving van het maatschappelijke leven wordt het een vanzelfsprekendheid om het gemeenschappelijke verstand, het gemeenschappelijke geweten en het gemeenschappelijke bewustzijn voor gemeenschappelijke doelen in te zetten.

2. De kandidaten worden niet gekozen om hun lidmaatschap van een partij of een organisatie, maar om hun bekwaamheid.

# B) ORGANISATIESTRUCTUUR VAN DE WERELDSTAAT

## DE CIVIELE ORGANISATIE
### Het volk voor het volk

De dienstverleningsorganisatie 'het volk voor het volk' zal uit het volk, met het volk en voor het volk ontstaan en alle mensen gratis dienen.

Bij de *volksinformatiecentra* zullen de burgers op hun eenvoudige vragen zoals 'wat' en 'waar' snelle, betrouwbare en verstandige antwoorden krijgen.

Bij de *volksadviescentra* zullen de burgers voor vragen over hun plannen, bijvoorbeeld hoe men een huis bouwt, uitvoerige en betrouwbare informatie van vakmensen ontvangen.

Bij de *volksbegeleidingscentra* zullen vaklui de burgers bij het oplossen van hun problemen begeleiden. Zou iemand bijvoorbeeld een huis willen bouwen, dan wordt hij vanaf de planning en de kostencalculatie tot aan de aanleg van de tuin begeleid.

In deze dienstverleningscentra zullen naast vaklui ook filosofen, wegwijzers en bemiddelaars hun diensten aanbieden.

De *filosofen* zullen het personeel in alle dienstverleningscentra en overheidseenheden begeleiden, om de diensten volgens de filosofie van eenheid – totaliteit in te vullen en uit te voeren.

De *wegwijzers* zullen bij de volksadviescentra en de volksbegeleidingscentra erop letten dat de diensten overeenkomstig de 'regels' van het parlement zijn.

De *bemiddelaars* zullen alleen in de volksbegeleidingscentra werken en bij gemeenschappelijke thema's partijen met verschillende opvattingen naar een overeenkomst leiden.

## DE STAATSORGANISATIE

1. Lokale overheidseenheden
   (zoals de huidige gemeenteraden en -besturen)
2. Regionale overheidseenheden
   (zoals in Duitsland de Bundesländer of centraal
   bestuurde landen, zoals Frankrijk)
3. Continentale overheidseenheden
4. Wereld-volksvertegenwoordigingsparlement

De overheidseenheden zullen zich met die thema's bezighouden, die binnen hun taak- en verantwoordelijkheidsgebieden liggen.

# DEEL V

## Vraag 4:
## WAT ZAL DE WERELDSTAAT GAAN DOEN?

## A) SPOEDACTIES

In de eerste plaats zal de wereldstaat een aantal spoedacties doorvoeren.

Spoedactie 1:

## DE WAANZIN stoppen!
## HET BITTERE EINDE verhinderen!

Daartoe horen:
- Het stoppen van de vernietiging van de natuur
- Het opheffen van alle militaire voorzieningen, het vernietigen van alle wapens en het beëindigen van alle oorlogen,
- Het stillen van alle honger,
- Het mogelijk maken dat alle dak- en thuislozen een thuis krijgen,
- Het stoppen van mensenhandel en seksslavernij,
- …

Spoedactie 2:

## INFRASTRUCTUUR UITBOUWEN

Alle infrastructuren van alle levensgebieden in de hele wereld worden overeenkomstig de waarden en principes van de filosofie eenheid – totaliteit nieuw vormgegeven.

Spoedactie 3:

## HET LEVEN OP AARDE ZEKER STELLEN

Om het leven op aarde zeker te stellen zal de wereldstaat samen met zijn burgers

1. De vernietiging van moeder natuur definitief beëindigen,
2. De oorzaken van armoede en haar gevolgen met behulp van een 'minimum levensstandaard' elimineren.

## B) DE NIEUWE WERELDORDE INRICHTEN

De tweede stap die de wereldstaat neemt is samen met zijn burgers de nieuwe wereldorde inrichten.
In het licht van drie schijnwerpers, de drie pijlers, worden alle levensgebieden opnieuw beschreven en vorm gegeven:

- De filosofie eenheid – totaliteit,
- Het nieuwe opvoedings- en onderwijssysteem en
- De basisregels voor het leven op aarde.

De overgangstijd tussen het oude en het nieuwe systeem wordt met name beïnvloed door:

1. Het rekening houden met, de empathie in relatie tot het anders zijn en de bestaande waarden enerzijds,
2. Vastberadenheid bij de inrichting van de nieuwe wereldorde anderzijds.

## NIEUWE VORMGEVING
## VAN VERDERE LEVENSGEBIEDEN

Enkele voorbeelden:

## 1. NIEUWE VORMGEVING
## VAN HET RECHTSSYSTEEM

Het rechtssysteem wordt om de volgende redenen opnieuw vormgegeven:
1. De onverenigbaarheid van de nationale wetten met het universele verstand en de onuitvoerbaarheid van deze wetten is realistisch gebleken.
2. Niemand, niet het individu, noch de maatschappij, noch de staat zal bevoorrecht zijn.
3. Het nieuwe systeem zal geen schuld en geen daders produceren.
4. De oorzaken van oneerlijk handelen zullen vanzelf verdwijnen.
5. De waarschijnlijkheid om oneerlijk behandeld te worden en de behoefte om zich te moeten verdedigen zullen vanzelf verdwijnen.

6.  Het nieuwe wereldbeeld zal het universele recht als een
    verworvenheid van de mensheid voor eeuwig in zich
    dragen.

## REGELS IN PLAATS VAN WETTEN

Het samenleven in de nieuwe wereld wordt door REGELS
bepaald, niet door wetten!

De parlementen zullen geen wetten goedkeuren, wanneer bij
het eventueel niet naleven ervan weer strafwetten van
toepassing zijn.

Ze zullen 'basisregels' ontwikkelen, die uit de natuurlijke
menselijke behoeften ontstaan en door individuen,
maatschappij en staat worden nageleefd.

De 'basisregels' met sleutelfuncties worden
*   getalsmatig zoveel mogelijk beperkt gehouden,
*   in eenvoudige hoofdzinnen altijd met het onderwerp 'ik'
    geformuleerd en
*   zowel in de wereldtaal als in de moedertalen van alle
    burgers aangeboden om te leren.

In geval het gaat om de naleving van de regels voor een
geplande activiteit, bijvoorbeeld de bouw van een huis, kunnen
ze deze regels bij 'het volk voor het volk' opvragen.

## GEVALLEN VAN BESLUITELOOSHEID

In geval van besluiteloosheid zullen de wegwijzers en bemiddelaars van de volksbegeleidingscentra ingeschakeld worden.

## 2. OPHEFFEN
## VAN HET INSTITUUT KRIJGSMACHT

Het bestaansrecht van het leger zal vanzelf verdwijnen, omdat de behoefte om ingezet te worden niet meer zal bestaan; bijvoorbeeld:

- De verovering van land, hulpbronnen en de waarden die van anderen zijn,
- Verdediging van een land, een volk tegen aanvallen van anderen.

### 3. DE OPHEFFING VAN DE ORGANISATIE POLITIE

De noodzaak van het bestaan van de politie vervalt, omdat door de opheffing van justitie en door de oprichting van 'het volk voor het volk' de tot nu toe ondersteunende, beschermende en bewakende taken van de politie overbodig zijn geworden.

## 4. OPHEFFING VAN DE ORGANISATIES
## VAN GEHEIME DIENSTEN

Omdat de oorzaken die de individuen en maatschappijen tot 'waanzin' drijven niet meer zullen bestaan, zal het verzamelen van geheime informatie zinloos blijken te zijn.

Dan zullen ook de geheime diensten worden opgeheven.

## 5.  OPHEFFEN VAN DE NATIONALE GRENZEN

Op grond van het inzicht dat
- de kunstmatige opdeling van moeder natuur zinloos is en
- alle levende wezens van de aarde zijn, en niet omgekeerd,

worden de grenzen tussen landen opgeheven.

# DEEL VI

## Vraag 5:
## HOE WORDT
## DE WERELDSTAAT OPGERICHT?

### Initiatiefgroepen

- Zodra de mensen inzien dat het huidige maatschappelijke systeem niet meer voortgezet kan worden, en het noodzakelijk is om met spoed te handelen, vormen deze mensen overal initiatiefgroepen.
  In deze initiatiefgroepen verinnerlijken de mensen grondig de filosofie eenheid – totaliteit.
- Ze maken zich mijn manifest 'nieuwe wereldorde' eigen, ze informeren elkaar en discussiëren erover.
- De initiatiefgroepen organiseren zich wereldwijd en vormen een netwerk met elkaar.
- Ze starten een bewustwordingscampagne, door de mensen te informeren over
  - de onverdraaglijkheid van de waanzin en de dimensies van de gevaren en
  - het manifest 'nieuwe wereldorde'.
- Zodra de bewustwordingscampagne haar doel bereikt, roepen de initiatiefgroepen de wereldgemeenschap op om een oprichtingsparlement voor een wereldstaat te vormen.

# OPRICHTINGSPARLEMENT

- Op grond van de oproep van de initiatiefgroepen worden in de nationale staten verkiezingen gehouden voor vertegenwoordiging in het oprichtingsparlement.

- Het oprichtingsparlement
  - ➢ begint zijn dienst op een geschikte plaats in de wereld,
  - ➢ bewerkt de basisregels voor het leven op aarde,
  - ➢ voert een wereldwijde bewustwordingscampagne uit met als belangrijkste thema de basisregels en
  - ➢ voert aansluitend een raadpleging uit onder de burgers over dit thema.

- Het oprichtingsparlement nodigt de staten van de wereld uit tot de oprichting van het wereld-volksvertegenwoordigingsparlement zodra vaststaat dat zowel bewustwordingscampagne als raadpleging hun doel bereikt hebben.

# WERELD-VOLKSVERTEGENWOORDIGINGSPARLEMENT

- Op uitnodiging van het oprichtingsparlement kiezen de mensen in hun landen de vertegenwoordigers voor het wereld-volksvertegenwoordigingsparlement.

- Het wereld-volksvertegenwoordigingsparlement
    - ➤ start zijn dienst,
    - ➤ neemt de basisregels voor het leven op aarde aan,
    - ➤ kiest de president van de wereldstaat.

- Vervolgens viert de wereldbevolking de oprichting van de wereldstaat.

*Beste lezer,*

*Mijn zorgen over het eenmalige en unieke leven op onze planeet en mijn voorstel tot oplossing van het probleem van de mensheid heb ik in het kort uiteen gezet.*

*Ik hoop dat de urgentie om in actie te komen en de haalbaarheid van mijn manifest u duidelijk geworden is en mijn hartenwens in vervulling gaat.*

*De situatie is ernstig!*
*We hebben geen tijd te verliezen!*
*We staan op een kruispunt van wegen.*
*Het is tijd om de historische beslissing te nemen!*

*Het is tijd om te beginnen!*
*Het is tijd om ons samen te voegen!*
*Laten we de waanzin beëindigen, het grote gevaar stoppen, het bittere einde verhinderen!*

*Allereerst zijn diegenen gevraagd, die van zichzelf houden, die van rozen, narcissen en tulpen houden, die van de katten, honden en duiven houden.*
*Allereerst zijn diegenen gevraagd, die moeder natuur, de mensen en de mensheid waarderen en achten.*
*En ik zie voor mijzelf de plicht, mij met al mijn vaardigheden en mijn kracht in te zetten op dit urgente pad.*

*Ik wens ons allen veel succes.*
*Hartelijk dank.*
*De zon zal voor ons allemaal zijn!*
*Tot ziens!*